Une influenceuse est une personne qui a une certaine influence sur les autres, notamment sur les réseaux sociaux. Elles ont souvent un grand nombre d'abonnés et utilisent leur plateforme pour promouvoir des produits, des marques ou des modes de vie. Les influenceuses peuvent avoir un impact significatif sur les décisions d'achat et les tendances grâce à leur crédibilité et à leur capacité à engager leur public.

Devenir influenceuse sur les réseaux sociaux est un processus qui requiert du temps, de la détermination et une stratégie claire. Voici quelques étapes pour vous aider à commencer :

il est tout à fait possible de devenir une influenceuse si vous êtes passionné par un sujet spécifique et que vous avez la capacité de créer du contenu attrayant et engageant. Voici quelques étapes pour devenir une influenceuse :

1. Choisissez un créneau ou une passion qui vous motive.

2. Créez du contenu de haute qualité et authentique sur les réseaux sociaux.

3. Engagez votre public en interagissant avec eux et en partageant des informations utiles.

4. Collaborez avec des marques et des entreprises qui correspondent à votre identité et à vos valeurs.

5. Soyez cohérent dans votre contenu et restez vrai à vous-même.

Il faut du temps, de la patience et beaucoup de travail pour construire une base d'abonnés fidèles, mais avec de la persévérance, il est possible devenir une influenceuse à succès.

1. **Choisissez votre niche :** Sélectionnez un domaine qui vous passionne et dans lequel vous avez des connaissances ou des compétences à partager. Cela pourrait être la mode, la beauté, le fitness, la cuisine, les voyages, etc.

2. **Comprenez votre public :** Réfléchissez à qui sont les personnes que vous souhaitez influencer. Quels sont leurs intérêts ? Quels problèmes cherchent-elles à résoudre ? Cela vous aidera à créer du contenu qui résonne avec elles.

3. **Sélectionnez vos plateformes :** Choisissez les réseaux sociaux sur lesquels vous voulez être présente. Instagram, TikTok, et YouTube sont populaires parmi les influenceurs, mais les meilleures plateformes pour vous dépendent de votre niche et de votre public.

4. **Créez du contenu de qualité :** Produisez régulièrement du contenu intéressant, utile et authentique. Utilisez de belles images, des vidéos engageantes et écrivez de bons textes pour capter et retenir l'attention de votre audience.

5. **Soyez régulière :** Publiez du contenu fréquemment et de manière cohérente. Utilisez un calendrier éditorial pour planifier vos publications à l'avance.

6. **Engagez avec votre communauté :** Répondez aux

commentaires, participez à des conversations et collaborez avec d'autres créateurs. Construire une communauté engagée est crucial pour devenir une influenceuse.

7. **Utilisez les hashtags et SEO :** Pour que votre contenu soit découvert, utilisez des hashtags pertinents et appliquez les principes de SEO (Search Engine Optimization) pour les plateformes comme YouTube.

8. **Apprenez et ajustez :** Utilisez les analytics des plateformes pour voir ce qui fonctionne et ce qui ne fonctionne pas. Soyez prête à ajuster votre stratégie en fonction de ce que vous apprenez.

9. **Soyez patiente et persistante :** Le succès en tant qu'influenceuse ne se construit pas du jour au lendemain. Soyez patiente et continuez à travailler dur.

10. **Étudiez les possibilités de monétisation :** Une fois que vous avez établi une certaine présence, explorez différentes manières de monétiser votre influence. Cela peut inclure des partenariats avec des marques, la vente de produits ou services, les liens affiliés, et plus encore.

Se lancer dans une carrière d'influenceuse peut être très gratifiant, mais cela demande beaucoup de travail et de dévouement. Restez authentique, soyez vous-même, et votre passion attirera naturellement les autres vers vous.

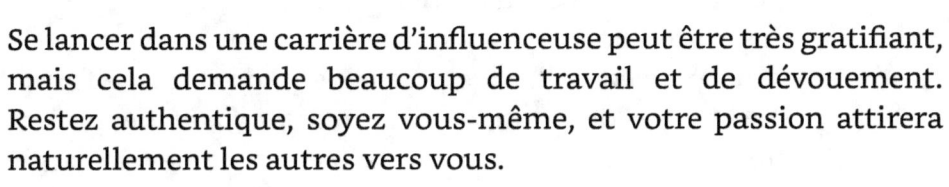

Poursuivant votre chemin pour devenir influenceuse, voici des conseils supplémentaires et des stratégies pour approfondir votre impact et votre portée :

11. **Développez votre marque personnelle :** Votre marque personnelle est ce qui vous distingue des autres. Cela inclut votre style de communication, votre

esthétique visuelle, et les valeurs que vous représentez. Assurez-vous que tous les aspects de votre présence en ligne soient cohérents et reflètent votre marque personnelle.

12. **Collaborez avec d'autres influenceurs :** Trouvez des influenceurs dans votre niche avec lesquels vous pouvez collaborer. Cela peut prendre la forme d'échanges de contenu, de mentions, ou de projets conjoints. Ces collaborations peuvent aider à élargir votre audience.

13. **Participez à des événements et des formations :** Les événements de réseau, les ateliers et les formations sont d'excellentes occasions d'apprendre de nouveaux stratégies, de rester au courant des tendances de l'industrie, et de rencontrer d'autres influenceurs et marques. La participation active à la communauté peut également élever votre statut d'influencer.

14. **Soignez votre profil et votre bio :** Votre profil et votre bio sur les réseaux sociaux sont souvent la première impression que vous donnez. Assurez-vous qu'ils sont optimisés pour attirer l'attention, incluant un appel à l'action clair, comme s'abonner ou visiter votre site web.

15. **Investissez dans du bon matériel :** Une bonne qualité visuelle et audio peut faire une grande différence dans la perception de votre contenu. Envisagez d'investir dans un bon appareil photo, un microphone, et des logiciels de montage pour

améliorer la qualité de votre production.

16. **Restez authentique :** L'une des clés du succès en tant qu'influenceuse est d'être authentique. Votre audience est attirée par votre personnalité unique et votre point de vue honnête. Partagez vos véritables passions, vos réussites, mais n'ayez pas peur de parler aussi de vos échecs.

17. **Prenez en compte les feedbacks :** Écoutez ce que votre audience a à dire sur votre contenu. Les retours constructifs peuvent vous fournir des indications précieuses sur la direction à prendre.

18. **Protégez-vous en ligne :** Comme figure publique, vous pourriez être exposée à des commentaires négatifs et à du harcèlement. Apprenez à gérer ces situations de manière professionnelle et considérez à mettre en place des limites claires sur ce que vous choisissez de partager en ligne.

19. **Explorez le marketing d'influence :** À mesure que votre audience grandit, vous pourriez être approchée par des marques pour des partenariats. Renseignez-vous et formez-vous sur les meilleures pratiques du marketing d'influence pour tirer le meilleur parti de ces opportunités.

20. **Soyez adaptable et prête à évoluer :** Les tendances des réseaux sociaux changent rapidement. Soyez prête

à adapter votre contenu et à expérimenter de nouvelles idées pour rester pertinente et engager votre audience.

Rappelez-vous, le voyage pour devenir une influenceuse réussie est unique à chacun. Soyez patiente, passionnée, et persistante, et avec le temps, vous pourrez construire une présence significative et influente en ligne.

Alors que vous continuez à développer votre présence en tant qu'influenceuse, voici quelques stratégies supplémentaires et considérations pour approfondir votre impact et assurer votre croissance à long terme :

21. **Établissez une présence multiplateforme :** Ne vous limitez pas à une seule plateforme. Créez du contenu adapté à différentes plateformes pour atteindre une audience plus large et diversifiée. Chaque plateforme a ses propres caractéristiques et formats préférés, donc adapter votre message peut maximiser votre résonance auprès de différents publics.

22. **Optimisez votre temps avec les outils de gestion des réseaux sociaux :** Utilisez des outils comme Buffer, Hootsuite, ou Planoly pour planifier vos publications à l'avance. Cela peut vous aider à gérer votre temps plus efficacement et à maintenir une présence régulière en ligne sans être constamment connectée.

23. **Continuez à vous former :** Le monde du marketing d'influence et des réseaux sociaux évolue constamment. Restez informée des dernières tendances, outils, et techniques en participant à des webinaires, en lisant des blogs spécialisés, et en suivant des experts de l'industrie.

24. **Établissez des partenariats stratégiques :** Au-delà des collaborations ponctuelles, cherchez à établir

des partenariats à long terme avec des marques qui partagent vos valeurs et correspondent à votre audience. Cela peut conduire à des collaborations plus significatives et bénéfiques pour les deux parties.

25. **Mettez en place un site web ou un blog :** Avoir un espace en ligne qui vous appartient, comme un blog ou un site web personnel, peut non seulement ajouter une couche d'authenticité à votre marque personnelle mais aussi vous offrir une plateforme pour partager du contenu plus détaillé et capturer des leads ou des contacts.

26. **Soyez consciente des questions légales et éthiques :** Informez-vous sur les réglementations concernant la divulgation des partenariats payants dans votre pays ou région. La transparence avec votre audience à propos des collaborations sponsorisées est cruciale pour maintenir leur confiance.

27. **Diversifiez vos sources de revenus :** Ne comptez pas uniquement sur les partenariats avec les marques comme source de revenu. Envisagez d'autres moyens de monétisation, tels que la vente de produits dérivés, les cours en ligne, les e-books, ou le Patreon.

(L'application Patreon **permet aux créateurs de rester en contact avec les membres de leur communauté et de gérer leur Patreon sur le pouce**. Grâce à l'application, vous pouvez créer et partager vos œuvres, discuter avec les membres, suivre vos statistiques commerciales, et plus encore).

28. **Prenez soin de votre bien-être :** La pression de maintenir une présence en ligne constante peut être épuisante. Assurez-vous de prendre soin de votre santé mentale et physique en vous accordant des pauses, en pratiquant la déconnexion digitale, et en ayant des hobbies en dehors des réseaux sociaux.

29. **Écoutez et adaptez-vous à votre audience :** Utilisez les outils d'analyse pour comprendre les préférences de votre audience, et soyez prête à ajuster votre contenu en fonction de leurs retours et de l'évolution de leurs intérêts.

30. **Célébrez vos succès, mais restez humble :** Prenez le temps de célébrer les étapes importantes et les réussites, mais gardez les pieds sur terre. Votre volonté d'apprendre, d'écouter, et de vous améliorer continuera à nourrir votre croissance et votre relation avec votre audience.

En définitive, le parcours pour devenir une influenceuse prospère est marqué par l'apprentissage continuel, l'adaptabilité et une authentique passion pour ce que vous faites. Construisez votre marque personnelle avec intégrité, soyez fidèle à vos valeurs, et vous trouverez une audience qui résonne profondément avec votre message.

En ayant abordé les aspects fondamentaux pour devenir et prospérer en tant qu'influenceuse, concentrerons-nous maintenant sur des aspects souvent moins évoqués mais tout de même cruciaux pour un succès durable :

31. **Construisez un réseau solide :** Outre les collaborations visibles avec d'autres influenceurs ou marques, investissez du temps dans le réseautage hors ligne. La participation à des conférences, salons professionnels, ou même des rencontres informelles peut enrichir votre réseau de contacts soutenant votre

croissance professionnelle.

32. **Soyez préparée aux fluctuations :** La carrière d'influenceuse n'est pas toujours stable. Les changements d'algorithme des plateformes, les tendances éphémères, et les shifts culturels peuvent impacter votre visibilité et engagement. Avoir une stratégie financière pour gérer les périodes creuses est essentiel.

33. **Priorisez la qualité sur la quantité :** Dans un monde où le contenu est roi, la tentation de publier fréquemment pour rester pertinent peut compromettre la qualité. Votre audience appréciera davantage un contenu bien pensé et original qui offre de la valeur.

34. **Restez flexible dans votre approche :** Même si vous avez une niche bien définie, rester ouverte à explorer des sujets adjacents ou à adopter de nouveaux formats peut revitaliser votre contenu et captiver une audience plus large.

35. **Développez votre storytelling :** Les histoires personnelles et authentiques créent des connexions émotionnelles avec votre audience. Améliorez vos compétences en narration pour rendre votre contenu plus engageant et mémorable.

36. **Méticuleuse gestion de la marque :** Veillez à ce

que tout contenu publié, partenariats engagés, et communications publiques, soient en accord avec votre marque personnelle. Une petite erreur peut parfois avoir des répercussions importantes sur la perception publique.

37. **Prévoyez un plan à long terme :** Réfléchissez à où vous souhaitez que votre carrière d'influenceuse vous mène. Avoir des objectifs clairs et un plan pour les atteindre peut vous aider à rester concentrée et motivée.

38. **Droits d'auteur et utilisation d'images :** Faites attention aux images, musiques et autres contenus soumis aux droits d'auteur que vous utilisez pour créer votre propre contenu. Le non-respect de ces droits peut entraîner des conséquences légales et nuire à votre crédibilité.

39. **Apprenez à dire non :** Avec la croissance de votre notoriété, les offres de collaboration vont se multiplier. Il est important de savoir refuser les propositions qui ne s'alignent pas avec vos valeurs ou qui ne bénéficient pas à votre audience.

40. **Évoluez au-delà des réseaux sociaux :** Envisagez de créer des produits ou services qui transcendent les plateformes de réseaux sociaux. Cela pourrait être des livres, des cours en ligne, des séminaires, ou même la création d'une marque. Diversifier vos revenus et votre influence au-delà des réseaux peut contribuer à une carrière plus durable et significative.

Au fond, réussir en tant qu'influenceuse implique une combinaison d'authenticité, de stratégie, de créativité, et d'un engagement envers votre communauté. En restant fidèle à vous-même tout en naviguant astucieusement dans l'écosystème des réseaux sociaux, vous pouvez bâtir une carrière influente et enrichissante.

41. **Adoptez une approche axée sur les données :** En devenant de plus en plus sophistiquée avec votre contenu, il est crucial d'adopter une approche axée sur

les données. Utilisez les outils d'analyse fournis par les plateformes de réseaux sociaux pour comprendre le comportement de votre audience, identifier les types de contenu qui génèrent le plus d'engagement et ajuster votre stratégie en conséquence.

42. **Sécurité en ligne :** Avec une présence en ligne importante, vous exposez à des risques tels que le piratage et le doxxing. Assurez-vous de sécuriser vos comptes avec des mots de passe forts, la vérification en deux étapes, et gardez votre information personnelle privée.

43. **Gestion de crise :** Préparez un plan de gestion de crise au cas où vous faites face à des backlashes ou des controverses. Savoir comment communiquer efficacement et gérer la situation peut aider à minimiser les dommages à votre image de marque.

44. **Respectez votre public :** Gardez en tête que sans votre audience, votre plateforme ne serait rien. Montrer du respect, de la gratitude et de l'attention à ceux qui vous suivent est essentiel. Cela peut se traduire par des interactions significatives, prendre le temps de répondre aux commentaires, ou même organiser des événements ou des giveaways pour remercier votre communauté.

45. **Soyez attentif aux changements de plateforme :** Les réseaux sociaux évoluent constamment, avec des mises à jour fréquentes qui peuvent affecter la visibilité et

l'engagement. Restez informé et flexible pour vous adapter rapidement à ces changements.

46. **Être conscient des responsabilités sociales :** En tant qu'influenceur, vous avez une plateforme qui peut impacter positivement. Pensez à utiliser votre voix pour sensibiliser ou soutenir des causes qui vous tiennent à cœur. Cela peut également approfondir la connexion avec votre audience qui partage les mêmes valeurs.

47. **Équilibre entre vie privée et publique :** Déterminer ce que vous êtes à l'aise de partager publiquement et ce que vous préférez garder privé. Cet équilibre peut varier grandement d'une personne à l'autre, mais il est important pour votre bien-être à long terme.

48. **Être prêt à évoluer :** Vos intérêts et ceux de votre audience peuvent changer avec le temps. Soyez ouvert à l'évolution de votre niche ou à l'expansion dans de nouveaux domaines pour rester pertinent et engagé.

49. **Construire une équipe :** À mesure que votre marque grandit, envisagez d'embaucher une équipe pour vous aider avec la gestion des réseaux sociaux, la production de contenu, la négociation de contrats, etc. Cela vous permettra de vous concentrer sur la création de contenu et l'engagement avec votre communauté.

50. **Pensée à long terme :** Envisagez où vous voulez être

dans 5 à 10 ans. Comment votre expérience en tant qu'influenceuse peut-elle contribuer à vos ambitions futures ? Que ce soit en lançant votre propre entreprise, en écrivant un livre ou en poursuivant une carrière dans les médias, pensez à comment vous pouvez utiliser votre plateforme actuelle comme un tremplin pour vos objectifs à long terme.

En fin de compte, construire une carrière durable en tant qu'influenceuse nécessite une combinaison de passion, d'innovation, d'adaptabilité et d'une solide compréhension de votre audience. Ce parcours offre de nombreuses opportunités de croissance personnelle et professionnelle, ainsi que la chance de créer un impact positif. En restant fidèle à vos valeurs et en mettant l'accent sur des relations authentiques avec votre communauté, vous pouvez naviguer dans l'écosystème en constante évolution des réseaux sociaux avec succès et intégrité.

51. **Apprenez de vos erreurs :** Chaque influenceur rencontre des échecs, que ce soit une campagne qui n'a

pas eu l'impact espéré, un partenariat qui tourne mal, ou une publication qui provoque une réaction négative. L'important est de tirer des leçons de ces expériences. Analysez ce qui n'a pas fonctionné, pourquoi, et comment vous pouvez améliorer votre approche à l'avenir.

52. **Soyez stratégique avec le storytelling :** Le récit que vous créez autour de votre marque personnelle peut être un puissant vecteur d'engagement. Vos histoires doivent résonner avec votre audience, illustrer vos valeurs et montrer votre authenticité. Considérez votre journey global et comment chaque contenu contribue à cette histoire.

53. **Valorisez la qualité du dialogue :** Au-delà du nombre de followers ou de likes, ce qui compte le plus est la qualité de l'interaction que vous avez avec votre audience. Posez des questions, incitez à la discussion, et créez un espace où vos followers se sentent valorisés et entendus.

54. **Prenez en compte la santé mentale de votre audience :** Soyez conscient de l'impact de votre contenu sur le bien-être mental de vos followers. Encouragez des pratiques positives et évitez de promouvoir des standards irréalistes ou des comportements nocifs.

55. **Incorporez votre propre développement dans votre marque :** Votre audience s'intéresse à votre croissance personnelle et professionnelle. Partager vos

apprentissages, vos succès, et même vos défis rend votre parcours plus relatable et peut inspirer d'autres.

56. **Diversifiez votre contenu :** Bien que vous puissiez avoir une niche spécifique, explorer différents types de contenu (tutoriels, Q&A, behind-the-scenes, vlogs, etc.) peut garder votre audience engagée et attirer de nouveaux followers.

57. **Optimisez pour le SEO :** Même sur les réseaux sociaux, utiliser des mots-clés pertinents dans vos descriptions, titres, et hashtags peut aider votre contenu à être plus découvrable par une audience plus large.

58. **Gardez un œil sur la concurrence :** Observer ce que font d'autres influenceurs dans votre niche peut vous donner des idées pour innover et vous différencier. Ne copiez pas, mais laissez-vous inspirer pour trouver ce qui rend votre marque unique.

59. **Intégrez des feedbacks de manière constructive :** Utilisez les retours de votre audience pour ajuster et améliorer votre contenu. Feedback ne signifie pas toujours critique négative, mais peut être une source précieuse d'idées et d'amélioration.

60. **Fidélisez votre audience :** Trouvez des manières créatives de récompenser la loyauté de vos abonnés, que ce soit à travers des contenus exclusifs, des

réductions pour des produits que vous endorsez, ou des interactions plus personnelles.

En final, devenir et rester une influenceuse respectée et influente n'est pas seulement question de nombre d'abonnés ou de visibilité. C'est surtout une question de construire et de maintenir des relations authentiques et significatives avec votre audience, tout en restant fidèle à votre identité et à vos valeurs. Votre influence ne se mesure pas seulement à votre capacité à attirer l'attention, mais aussi à inspirer, éduquer, et positivement impacter les vies de ceux qui vous suivent.

61. **Établissez des limites claires :** L'importance de fixer des frontières entre votre vie personnelle et professionnelle devient cruciale au fur et à mesure que votre audience grandit. Cela inclut non seulement la protection de votre vie privée, mais également la

gestion de votre temps et de vos énergies pour éviter l'épuisement professionnel.

62. **Priorisez l'authenticité sur la perfection :** Dans un monde où les réseaux sociaux peuvent pousser à la comparaison et à l'idéalisation, l'authenticité est rafraîchissante. En partageant des moments réels, même imparfaits, vous pouvez établir une connexion plus profonde avec votre audience.

63. **N'ayez pas peur de monétiser votre passion :** Trouver un équilibre entre partager ce que vous aimez et en tirer un revenu peut être difficile. Cependant, monétiser votre passion de manière éthique et transparente vous permet de continuer à offrir un contenu de qualité tout en soutenant votre croissance personnelle et professionnelle.

64. **Restez curieux et ouvert à l'apprentissage :** Le monde numérique évolue à une vitesse fulgurante, offrant constamment de nouvelles opportunités et défis. en restant curieux, vous pouvez continuer à apprendre, vous adapter et innover dans votre domaine.

65. **Développez une routine :** Une routine régulière peut aider à maintenir la discipline nécessaire pour créer du contenu, interagir avec les abonnés et gérer les divers aspects de votre carrière d'influenceuse. Fixez des heures de travail dédiées et respectez-les autant que possible.

66. **Soyez conscient des implications fiscales :** À mesure que votre activité génère des revenus, il est important de comprendre vos obligations fiscales pour éviter tout problème légal. Considérez l'idée de consulter un professionnel pour gérer ces aspects.

67. **Cultivez une culture de gratitude :** Prenez le temps de reconnaître et d'apprécier votre parcours, les personnes qui vous soutiennent, et chaque opportunité qui se présente à vous. Une approche positive et reconnaissante peut avoir un impact considérable sur votre santé mentale et votre relation avec votre audience.

68. **Apprenez à gérer le stress :** Trouver des techniques de gestion du stress efficaces est crucial pour tout professionnel du numérique. Que ce soit à travers la méditation, l'exercice physique, les hobbies, ou le temps passé en famille et entre amis, il est important de trouver ce qui vous permet de vous ressourcer.

69. **Créez un réseau de soutien :** S'entourer de personnes qui comprennent les réalités de votre travail et qui peuvent offrir un soutien, des conseils, ou simplement une oreille attentive est inestimable. Cela peut inclure d'autres influenceurs, des mentors, ou des amis proches.

70. **Tenez compte de l'impact à long terme :** Chaque publication, collaboration, et interaction en ligne

contribue à votre héritage numérique. Pensez à l'impact à long terme de votre travail et à la marque que vous souhaitez laisser dans le monde numérique et au-delà.

En définitive, la clé pour une carrière durable et enrichissante en tant qu'influenceuse repose sur l'équilibre : entre travail et vie personnelle, entre authenticité et professionnalisme, et entre donner et recevoir. Embrassez votre voyage unique, apprenez continuellement, et n'oubliez jamais l'importance de votre voix dans le vaste monde numérique.

COMMENT DEVENIR INFLUENCEUSE GRÂCE AUX BUZZ

Se baser uniquement sur le buzz pour devenir influenceuse peut apporter une certaine visibilité temporaire, mais pour établir une carrière solide et pérenne, il est important de construire une base solide. Voici comment vous pouvez utiliser le buzz de manière stratégique pour devenir influenceuse :

1. **Identifiez les tendances** : Suivez de près les tendances et sujets qui génèrent du buzz sur les réseaux sociaux. Identifiez ceux qui correspondent à votre niche et à votre contenu.

2. **Créez du contenu viral** : En vous inspirant des tendances populaires, créez du contenu original et captivant qui a le potentiel devenir viral. Soyez créative, authentique et engageante.

3. **Soyez réactive** : Réagissez rapidement aux événements et aux sujets qui génèrent du buzz. Publiez du contenu pertinent et opportun pour capitaliser sur l'engagement du moment.

4. **Utilisez les hashtags populaires** : Intégrez des hashtags pertinents et tendance à vos publications pour augmenter votre visibilité et rejoindre un public plus

large.

5. **Capitalisez sur le momentum** : Profitez du buzz pour diversifier votre contenu, attirer de nouveaux abonnés et renforcer votre présence en ligne.

6. **Surveillez les tendances** : Restez à l'affût des sujets, des hashtags et des événements qui génèrent du buzz sur les plateformes sociales. Identifiez ce qui suscite l'intérêt et l'engagement du public.

7. **Créez du contenu réactif** : Saisissez l'opportunité de créer du contenu en lien avec les tendances actuelles. Soyez rapide et pertinent pour capitaliser sur l'attention portée à ces sujets.

8. **Soyez créative et originale** : Lorsque vous créez du contenu inspiré par le buzz, assurez-vous d'apporter une perspective unique ou une touche personnelle qui vous distingue des autres. La créativité est essentielle pour se démarquer.

9. **Engagez avec l'audience** : Faites en sorte que votre contenu génère des interactions et des conversations avec votre public. Répondez aux commentaires, posez des questions, et créez une communauté engagée autour de votre contenu.

10. **Collaborez avec d'autres influenceurs** : En travaillant avec d'autres influenceurs ou créateurs de contenu

qui sont liés aux tendances populaires, vous pouvez étendre votre portée et attirer de nouveaux abonnés.

11. **Soyez authentique et transparent** : Tout en capitalisant sur le buzz, restez fidèle à votre style et à votre voix. L'authenticité est primordiale pour bâtir une relation solide avec votre audience.

En fin de compte, la clé pour devenir une influenceuse à succès grâce au buzz est de combiner habilement l'engagement temporaire généré par les tendances avec une stratégie à long terme basée sur la qualité du contenu, l'authenticité et l'engagement continu avec votre audience.

En combinant la compréhension des tendances avec la créativité, l'engagement et l'authenticité, vous pouvez exploiter le buzz en votre faveur pour développer votre présence en tant qu'influenceuse sur les réseaux sociaux.

Pour atteindre vos objectifs devenir une star de la télé-réalité, il est essentiel d'adopter une approche proactive et stratégique. Voici quelques conseils pour vous aider à progresser vers cet objectif :

1. **Définissez des objectifs spécifiques** : Identifiez les étapes que vous souhaitez franchir, comme obtenir un rôle dans une émission de télé-réalité spécifique ou augmenter votre visibilité sur les réseaux sociaux.

2. **Élaborez un plan d'action** : Dressez une liste des tâches à accomplir pour chaque objectif, en les divisant en petites étapes réalisables.

3. **Travaillez sur votre image personnelle** : Développez votre style, votre présence en ligne et votre personnalité publique pour vous démarquer et attirer l'attention des téléspectateurs et des producteurs.

4. **Pratiquez vos compétences** : Entraînez-vous régulièrement à communiquer clairement, à agir devant la caméra et à interagir avec les autres de manière engageante.

5. **Soyez ouvert aux opportunités** : Explorez diverses voies pour atteindre votre objectif, que ce soit par des castings traditionnels, des vidéos en ligne ou des collaborations avec d'autres créateurs de contenu.

6. **Faites preuve de persévérance** : Le chemin vers la célébrité peut être long et semé d'obstacles, mais en restant motivé et persévérant, vous augmentez vos chances de succès.